NOTICE

ARCHÉOLOGIQUE ET HISTORIQUE

SUR

L'ÉVÊCHÉ D'ÉVREUX

PAR

M. GUSTAVE-A. PREVOST

MEMBRE DE LA SOCIÉTÉ FRANÇAISE D'ARCHÉOLOGIE

CAEN

HENRI DELESQUES, IMPRIMEUR-LIBRAIRE

RUE FROIDE, 2 ET 4

—

1888

EVÊCHÉ D'ÈVREUX.

NOTICE

ARCHÉOLOGIQUE ET HISTORIQUE

SUR

L'ÉVÊCHÉ D'ÉVREUX

PAR

M. GUSTAVE-A. PREVOST

MEMBRE DE LA SOCIÉTÉ FRANÇAISE D'ARCHÉOLOGIE

CAEN

HENRI DELESQUES, IMPRIMEUR-LIBRAIRE

RUE FROIDE, 2 ET 4

1888

NOTICE

ARCHÉOLOGIQUE ET HISTORIQUE

SUR

L'ÉVÊCHÉ D'ÉVREUX

Lorsque l'abbé de Grignan fut nommé évêque d'Évreux en février 1680, Mme de Sévigné, après avoir annoncé à sa fille cette heureuse nouvelle, ajoutait :

« Qu'est-ce qu'Évreux ? — Le voici : Évreux est la plus jolie ville de Normandie, à vingt petites lieues de Paris, à seize de Saint-Germain ; elle est à M. de Bouillon. L'évêché vaut vingt mille livres de rente ; le logement est très beau ; l'église dès plus belles ; la maison de campagne est une des plus agréables qu'il y ait en France. » — Dans une autre lettre, elle revient encore sur ce sujet d'Évreux et de son palais épiscopal : « Je crois, dit-elle, que l'évêque d'Évreux est allé à son charmant évêché..... ; cet évêché vaut vingt-deux mille livres, je ne disais que vingt, il est vrai que je croyais Condé à dix lieues de Saint-Germain, il en est à quinze....., etc..... (1).

(1) Lettres des 21 février et 6 mars 1680. Édition Régnier, t. VI, p. 268, 296.

Notons que le chiffre du revenu de l'évêché d'Évreux est

La vieille et féodale demeure des évêques d'Évreux a
le droit de se montrer fière de la part qui lui est
faite dans ces éloges, tous mérités du reste.

Telle l'avait pu voir la célèbre marquise, telle elle se
présente encore aujourd'hui, offrant aux regards, d'un
côté, sa pittoresque tour d'escalier, ses belles fenêtres
aux écussons armoriés, aux fines dentelles de pierre,
son immense toit décoré de lucarnes de pierre d'un
heureux modèle; tandis que l'autre façade, élevée sur
les murs gallo-romains de la vieille cité et donnant sur
les anciens fossés, emprunte un aspect militaire à sa
ceinture de mâchicoulis et à sa galerie crénelée sur
laquelle s'appuie son haut toit d'ardoise.

I.

A quelle époque précise fut élevé ce noble manoir?
Quelles circonstances accompagnèrent sa construction?
Quel en fut l'architecte? Un document inédit, conservé
aux Archives départementales de l'Eure (1) « touchant
la maison épiscopal (*sic*) édifiée proche les murailles
d'Évreux », va donner la réponse à ces questions,
si l'on estime, avec nous, qu'il se rapporte bien au
palais épiscopal proprement dit et non à une de ses
dépendances, qui d'ailleurs est encore debout aujourd'hui.

« En 1481, dit l'auteur d'une Histoire d'Évreux, écrite

porté à 25,000 livres par un pouillé ms. rédigé un peu antérieurement (1660), et conservé aux Archives départementales
de l'Eure, série G, liasse 17.

(1) Série G, liasse 16.

au siècle dernier (1), Raoul du Fou, évêque d'Évreux, fit rebâtir de nouveau le palais épiscopal qui tombait en ruine, et le fit tel qu'on le voit aujourd'hui, comme on peut le remarquer par ses armes qui sont d'azur à une grande fleur de lys d'argent, l'écu soutenu de deux faucons affrontés. »

En effet, au milieu des fines nervures qui s'emmêlent au haut de la voûte de la tour d'escalier, se voient deux écussons aux armes des du Fou ; mais, par une singulière méprise, l'historien d'Évreux ne décrit pas ces armoiries telles qu'elles sont figurées, telles qu'elles sont en réalité d'après les sceaux et d'après le P. Anselme, savoir : *d'azur à une fleur de lys d'or, à deux éperviers affrontés d'argent becqués et membrés d'or, posés de profil et perchés sur les volutes de la fleur de lys* (2). Il n'y a donc pas de doute sur le nom de l'évêque qui a fait construire le palais épiscopal. A défaut de ce témoignage héraldique, on pourrait le prouver d'une façon aussi sûre par la notice nécrologique sur cet évêque, inscrite à la fin d'un obituaire de la cathédrale d'Évreux, datant du commencement du XVI° siècle et conservé à la Bibliothèque de l'Évêché. Cette note, que nous reproduirons plus loin, se termine ainsi : « ... *Item fecit construere et edificare de novo unam domum episcopalem coopertam de ardeseia.— Anima ejus requiescat in pace.* »

Raoul du Fou se trouvait dans d'excellentes conditions pour entreprendre et mener à bien une œuvre aussi importante et aussi coûteuse. Sa famille n'était

______

(1) *Histoire civile et ecclésiastique du comté d'Évreux* (par Le Brasseur). Paris, Barois, 1722, in-4', p. 308.

(2) P. Anselme, *Histoire des grands officiers de la Couronne ;* t. VIII, p. 582.

peut-être pas d'une fort ancienne noblesse, c'est du moins ce que l'on peut conjecturer du silence gardé sur ce point par l'*Histoire des grands officiers de la Couronne* (1); mais elle était très avant dans la faveur de Louis XI et de ses successeurs. Un de ses frères, Yves du Fou « gentilhomme de Bretagne de l'évêché de Cornouailles » sut gagner les bonnes grâces de Louis XI. En 1472, il était son grand veneur, aux gages de 3,200 livres, compris l'entretien de la vénerie, il mourut le 2 août 1488 (2) ; c'est peut-être en son honneur et en souvenir de ses fonctions de veneur que fut sculptée cette tête de cerf, de biche ou de faon qui émerge au-dessus de la quatrième fenestrelle de la tour d'escalier de l'évêché d'Évreux. — Son autre frère avait été premier échanson de Louis XI ; sa faveur survécut à ce monarque, car sous Charles VIII on le trouve élevé à la dignité de grand échanson de France. Raoul du Fou, lui-même, n'était pas moins bien vu à la cour. Les lettres patentes du mois de juillet 1481, par lesquelles Louis XI concéda à la ville d'Évreux le droit d'élire un maire, six échevins et un procureur furent dues en partie à son influence ; et, plus tard, en 1498, il fut choisi par Charles VIII pour seconder et suppléer le cardinal d'Amboise dans ses hautes et importantes fonctions de lieutenant et gouverneur général de la Normandie (3).

Il n'y a donc rien de surprenant à ce qu'il ait voulu reconstruire son palais épiscopal ; on peut présumer qu'il aura été aidé dans cette lourde entreprise par les

(1) P. Anselme, t. VIII, p. 703-704.
(2) Id., *ibid.*, p. 582.
(3) Le Brasseur. *Histoire d'Évreux*, p. 309-310.

libéralités royales ; nous n'avons cependant pu rencontrer aucune preuve de ces libéralités.

Faut-il maintenant accepter, comme époque de ces travaux, la date de 1481, donnée par l'historien d'Évreux ? La rejeter uniquement parce qu'il ne cite aucune preuve à l'appui, et ne l'établit sur aucune indication précise, serait certainement téméraire *a priori*. Toutefois, le document que nous all ns reproduire, qui nous paraît ne pouvoir s'appliquer qu'au palais épiscopal et qui est daté de 1499, nous autorise à révoquer en doute l'exactitude de la date acceptée jusqu'ici.

Voici dans quelles conditions est intervenu cet acte intéressant. L'emplacement occupé par l'évêché d'Évreux était circonscrit de deux côtés, au sud et à l'ouest, par la vieille enceinte de la cité gallo-romaine. « Là, dit Froissart, parlant du siège d'Évreux en 1378, là il y a ville, bourg et châtel, tout séparé l'un de l'autre. » En 1499, comme en 1378, la division subsistait encore et l'évêché était borné par les murs et les fossés qui séparaient la vieille ville du bourg.

Lorsque Raoul du Fou songea à le faire reconstruire, soit que telle fût la situation de l'ancienne demeure, soit qu'il lui plût d'adopter un nouvel emplacement, il voulut l'édifier sur les murs même de la ville. Il lui fallait pour cela une autorisation royale. Il la sollicita ; mais il importait de savoir si les constructions projetées ne seraient pas préjudiciables à la sécurité et à la défense militaire de la ville.

Des lettres royales, en date du 9 juin 1499, adressées au bailli d'Évreux, lui mandèrent d'appeler les conseillers et le procureur des bourgeois d'Évreux, le capitaine de la ville, les avocat et procureur du roi au bailliage, de se rendre avec eux sur les lieux, en compagnie du maitre des œuvres du roi dudit bailliage et de tous ceux qu'il y aurait lieu d'appeler, de se faire expliquer, sur place, le devis des édifices qu'il s'agissait d'élever et, au cas où il n'y aurait chose préjudiciable aux intérêts du roi, au bien public et à la fortification de la ville, d'accorder l'autorisation sollicitée. Le résultat de cette enquête est consigné dans l'acte, ou plutôt dans le projet d'acte que nous allons maintenant transcrire :

L'an de grâce mil quatre cens quatrevings et dix neuf, le   jour de   à Évreux, devant nous Jehan Fillon, conseillier du roy nostre sire, lieutenant général de noble et puissant seigneur monseigneur Jacques de Chambray, chevallier, seigneur de Thevray, conseillier chambellan ordinaire d'icelluy seigneur et son bailly d'Évreux, se comparurent vénérable et discrecte personne maistre Jehan Dupuyherbault, prebtre, chanoyne de l'église cathédrale Nostre-Dame du dit Évreux, procureur de révérend père en Dieu l'évesque d'Évreux, lequel nous présenta certaines lettres données à Paris par le roy nostre dit seigneur, dabtées du neuf-viesme jour de juing derrain passé, narratives de certain édiffice ou édiffices que entendait et voullait faire édiffier le dit évesque en son lieu et manoir épiscopal sur près et joingnant de la muraille de la dite ville et cyté d'Évreux, par les quelles et pour les causes contenues en icelles, estoit mandé et commis à mon dit seigneur le bailly ou son lieutenant que, appelez les cappitaine dudit Évreux ou son lieutenant, les advocats et procureurs du dit seigneur ou dit bailliaige, avec les conseilliers et procureurs de la dite ville d'Évreux, visitacion préalablement faicte des lieux esquels le dit évesque entendoit édiffier, en la présence du maistre des œuvres du dit seigneur au dit bailliaige et autres qui pour ce seroient à appeller,

et le devis des dits édiffices monstré et exhibé, s'il appa-
ressoit qu'il n'y eust chose préjudiciable au dit seigneur
et au bien publicque de la dite ville ne en la fortiffica-
tion d'icelle, qu'il fust permis et souffert au dit évesque
faire faire ses dits édiffices en et parmy la muraille de la
dite ville et à faire faire les clôtures mentionnées ès
dites lettres par les moyens et conditions contenues en
icelles, en nous requérant l'effect et entérignement
d'icelles lettres pour l'autorisation de faire les dits édiffices ; pour les quelles causes ayons convoquez et appelés
nobles hommes Jehan Louvel, sieur de Garrel, lieutenant
du cappitaine du dit Évreux ; maistres Mathieu Aulbert,
conseillier et advocat, Symon Boullenc, procureur du dit
seigneur au dit bailliaige, Thomas Postel, Gieffroy de
Quincarnon, Chardinet Chartain, maistre Nicolle La-
meintre, conseilliers de la dite ville ; Thomassin de
Quincarnon et Symon Mareschal, procureurs d'icelle ville
et paraillement Henry Vidie, maistre des œuvres et
réparations dudit baillaige pour le dit seigneur, avec
plusieurs autres notables bourgoys, manans et habitans
de la dite ville, et plusieurs maçons et manouvriers avec
tous les quels nous sommes transportés au dit manoir
épiscopal et là faict lecture des dites lettres royaulx ; et
après la dicte lecture veu et merché les lieulx, et sur le
tout ouy maistre Pierres Smoteau, masson, qui a faict le
devis des dits édiffices, et par lequel nous a esté monstré
et donné à entendre l'ouverture et édiffices qu'entendait
faire le dit évesque en la muraille et dessus la muraille
d'icelle ville, et le tout veu et délibéré ; après plusieurs
considérations veues en la dite matière, en proposant le
bien du dit seigneur, de la chose publicque et la seurté
de la dite ville, eu regard aux petis fondemens de la
muraille, laquelle n'est pas de grant seurté ne deffense,
a esté trouvé par l'oppinion de tous que en faisant les
édiffices et ouvertures déclairés ou dyvis sur ce faict, et
dont mention est faicte ès dites lettres royaulx, et en

faisant sur les dites ouvertures les fortifications de grilles et fermailles sur ce déclairées, en donnant aussy plus parfaict fondement à la dite muraille qui n'est de présent, les dits édiffices seront de plus grant seurté et deffense qu'ils ne sont pour le présent, et qu'en ce faisant, la fortification de la dite ville et cyté ne sera en riens dyminuée, mais augmentée au bien dudit seigneur et au bien publicque de la dite ville, sauf à donner provision sur les dites veues telle qu'il sera nécessaire s'il avenait temps d'ostillité, le dit évesque et ses successeurs sur ce appelez ; et pour le regard des allées et clostures nécessaires estre faictes sur les dites murailles a esté trouvé, comme dessus, que les requestes du dit évesque sont en ce pertinentes et recepvables pour esviter aux immondicités et autres dissolutions et inconvéniens qui se faisoient et pourroient faire sur la dite muraille ; et luy furent ses dites requestes avec le contenu en ses dites lettres royaux, du consentement des dits lieutenant du cappitaine, advocat, procureur du roy, conseillers et procureurs de la dite ville, et par la délibération du dit maistre des œuvres et autres plusieurs, adcordées et enterignées comme du et..... [déchirure] dont et des quelles choses les dits conseilliers, lieutenant du cappitaine et procureurs de la dite ville nous requistrent ces présentes qui leur furent accordées, donné comme dessus. »

Au dos est écrit :

« Touchant la maison épiscopal édiffiée proche les murailles d'Évreux. »

Cette pièce appelle quelques observations :

Tout d'abord il n'est pas sans intérêt de remarquer, en passant, la nature même des mesures et opérations qui y sont constatées. Ce n'est pas la royauté seule qui, par l'entremise de ses agents, bailli, capitaine, officiers du bailliage veille aux intérêts d'une ville. La cité elle-même intervient ; elle n'intervient pas seulement d'une manière indirecte par l'intermédiaire de ses mandataires élus, les officiers de ville ; la libre discussion est ouverte à tous, d'autres bourgeois, manants et habitants, exercent directement leur droit de contrôle, peuvent émettre leur avis. C'est notre enquête moderne *de commodo et incommodo*, précédant aujourd'hui toutes les mesures d'intérêt public ou privé qui peuvent léser l'intérêt d'autrui.

Mais, pour apprécier sainement si l'autorisation sollicitée par l'évêque d'Évreux était ou non préjudiciable à la ville, si elle présentait des dangers au point de vue de la défense militaire, il fallait des connaissances spéciales. Il fallait des gens compétents pour juger la solidité des constructions projetées ; aussi, à côté des notables bourgeois, manants et habitants, viennent sur les lieux plusieurs maçons et manouvriers. A leur tête se trouve le maître des œuvres et réparations du bailliage d'Évreux pour le roi, Henry Vidie. Un maître des œuvres, alors, n'était point seulement un architecte, il était encore ingénieur militaire, maître de l'artillerie. Un mandat de paiement du 26 février 1484 (1), nous montre cet Henry Vidie « ayant vacqué par le temps et espace de deux jours, par le commandement de M. le lieutenant du bailli..., à faire la visitation des tours et murailles d'icelle ville, visité les canons pour savoir s'ils estoient montés et affutés, si les herses des portes painte et porte aux fevres estoient seures pour dessendre

<hr>

(1) Archives municipales d'Évreux : pièces historiques, — à sa date

et remonter et aussi pour avoir essayé la petite artil-lerie....; pour avoir vacqué à remonster la bombarde de la halle et les deux canons, baillé les callibres pour choisir les pierres des dits canons et avoir fait tirer aucuns des dits canons. »

Il eût fallu citer tout d'abord le nom le plus intéressant, révélé par notre document, celui que nous avons éprouvé le plus de plaisir à rencontrer et à faire connaître, le nom de l'architecte de l'évêché, maître Pierre Smoteau. — Telle est du moins la lecture de ce nom, pour laquelle notre ami, M. Bourbon, archiviste de l'Eure, a bien voulu nous aider de sa compétence et de son expérience. — Est-ce bien l'architecte du monument, ce « Pierre Smoteau, masson » ? Est-ce bien lui dont le talent a conçu l'idée du monument? Aucun doute n'est possible, l'emploi au moyen âge du mot maçon, dans le sens d'architecte, est bien connu; mais fût-il douteux, ici toute incertitude serait levée par le contexte de l'acte, et par le rôle que joue Pierre Smoteau. C'est lui *qui a fait le devis des dits édiffices;* et *devis*, alors, ce n'est pas seulement le mémoire de l'entrepreneur, le *quantum* des frais, c'est le plan, l'élévation, la conception de l'édifice. Le deviseur, c'est celui qui imagine. L'illustre Jehan Joconde est appelé *deviseur des bâtiments*, dans un compte contemporain (1). Deviseur encore, Barthélemy Primadicis, dit de Boulongne, conducteur et deviseur des ouvrages de stucq et de peinture, dans un compte cité par M. de La Borde, dans son ouvrage sur *La renaissance des arts à la cour de France* (2).

(1) Bauchal, *Nouveau dictionnaire des architectes français,* 1887, v° *Joconde.*

(2) Godefroy, *Dict. de l'ancienne langue française,* v° *Deviseos*

C'est lui qui, sur les lieux, développe et explique les travaux qu'il va faire faire, le plan qu'il a conçu, qui a « monstré et donné à entendre l'ouverture et édifices qu'entend faire le dit évesque en la muraille et dessus la muraille. »

Cet architecte était-il jusqu'à ce jour un inconnu ? L'évêché est-il la seule œuvre qu'il ait conçue ? Quelque vingt ans auparavant, la ville d'Évreux voyait élever son élégant beffroi, encore debout. Or une intéressante étude sur cet édifice, publiée dans les *Mémoires de la Société libre d'agriculture, sciences, arts et belles-lettres de l'Eure* (1) par M. A. Chassant, le signale comme l'œuvre de maître Pierre Motteau. Toutefois nous ferons remarquer que dans les documents qui nous sont passés sous les yeux, ce nom est toujours écrit *Mauteau*; de plus, rien dans le contexte même de ces pièces, où Mauteau est dénommé avec d'autres massons et parfois le second, ne permet de lui assigner un rôle prépondérant et de lui attribuer avec certitude le plan et la conception du beffroi. Enfin un mandat de paiement, qui, sauf erreur de notre part, n'a pas été signalé par M. Chassant, remonte au 12 décembre 1475 (2), c'est-à-dire à vingt-quatre ans antérieurement; toutes ces raisons rendent problématique d'abord le rôle de Pierre Mauteau comme architecte du Beffroi municipal et ensuite son identification avec l'auteur des constructions de l'évêché ?

Il nous a été malheureusement impossible de trouver d'autres renseignements sur Pierre Smoteau. Nous

(1) 2ᵉ série, t. IV. Évreux, Ancelle, 1844, in-8°.
(2) Archives municipales. Cartons des archives historiques, à sa date.

avons inutilement recherché, — aidé en cela par la bienveillance des conservateurs de ces dépôts, — les lettres du mois de juin 1499, aux Archives Nationales, dans les collections Gaignières de la Bibliothèque Nationale, aux Archives départementales de l'Eure, au greffe du Parlement de Rouen, et aux Archives municipales d'Évreux.

Le document que nous publions nous permettait, en effet, d'espérer y rencontrer une mention explicite des édifices et ouvertures que l'architecte voulait faire, des fortifications de grilles et fermailles qu'il entendait y mettre, du plus parfait fondement qu'il entendait donner à la muraille. Il nous eût fixé définitivement sur la construction qu'il s'agissait d'élever et sur l'identité de l'architecte. Il existe bien, aux Archives municipales d'Évreux, une certaine quantité de pièces donnant les noms d'un grand nombre de bourgeois à la fin du XVe siècle. Ce sont surtout des actes relatifs à des emprunts levés par les rois sur les bourgeois d'Évreux, ou encore des quittances d'amendes infligées à la ville par Louis XI, à la suite du meurtre d'un de ses favoris, Louis de Belleville, commis dans la ville d'Évreux. Nous n'y avons vu les noms, ni de Pierre Smoteau, ni de Pierre Mauteau. Faut-il, d'ailleurs, s'en étonner? Non. Les artistes n'étaient parfois pas riches alors. A cette même époque, à Rouen, le 30 novembre 1500, le chapitre de la cathédrale délibérait sur la supplique « que lui avait présentée Jacques Le Roux, maître-maçon de l'église, réduit à l'indigence » (1). Or, Jacques Le Roux était un artiste qui a droit à une autre célébrité que Pierre Smoteau. Il est l'architecte de la

______

(1) Archives de la Seine-Inférieure. Série G, n° 2,146.

superbe tour élevée au sud du grand portail de la
cathédrale de Rouen, connue sous le nom de *Tour-de-
Beurre*, et l'une des plus belles de cette époque. Ce n'est
donc pas parmi les riches bourgeois qu'il faut chercher
les artistes du moyen âge, et peut-être en éprouve-t-on
plus de plaisir encore à rendre un tardif hommage à
des hommes de talent et parfois de génie, dont la condition était quelquefois si modeste et si humble.

Mais enfin, que s'agissait-il de construire en 1499?
De quel édifice Pierre Smoteau a-t-il conçu le plan et
l'élévation et montré le devis ? Est-ce de la noble et
féodale demeure des évêques? Est-ce au contraire du
grand bâtiment situé à l'ouest, en retour d'équerre,
et qui servait autrefois d'officialité et aussi d'écuries?
L'archéologie ne peut donner de réponse satisfaisante.
L'ancienne officialité est une construction couverte en
tuiles qui semble remonter aussi au XVI° siècle, et qui,
comme le palais épiscopal, est élevée sur les murs de
l'enceinte gallo-romaine. Si l'on adopte la date de 1481,
donnée par Le Brasseur comme celle de la construction
du manoir épiscopal, il ne peut, en 1499, être question
que de l'officialité. Mais Le Brasseur ne cite, on l'a déjà
dit, aucune preuve, aucune raison à l'appui de cette
date. Or, d'autre part, une histoire d'Évreux, écrite
avec beaucoup de soin et de science par un chanoine
d'Évreux, l'abbé Delanoe, vers 1847, et conservée en
manuscrit à la Bibliothèque de l'évêché, dit que « pendant la reconstruction de l'évêché, Raoul du Fou
habita plus particulièrement le château de Gaillon que
Georges d'Amboise avait mis à sa disposition » (1). Si
un texte a passé sous les yeux de l'abbé Delanoe où

____

(1) P. 206.

il ait puisé cette indication, il faut rejeter *a priori* la
date donnée par Le Brasseur, car Georges d'Amboise
n'a été élu archevêque de Rouen qu'en 1493 (1).

Mais un renseignement, que nous avons eu la bonne
fortune de trouver dans le *Compte des recettes et dépenses de la ville d'Évreux pour l'année 1591*, nous
semble trancher la question et établir que le bâtiment
qu'il s'agissait de construire en 1499, et dont Pierre
Smoteau a fait le devis, est bien le palais épiscopal
proprement dit. On se souvient que, d'après ce devis,
il devait y avoir, du côté des fossés, plusieurs ouvertures qui devaient être protégées par des grilles et
fermailles, sauf à aviser à ce qu'il conviendrait faire
« s'il advenait temps d'ostillité. » Or, en 1591, les
troupes royales venaient d'entrer à Évreux, précédem-
ment au pouvoir de la ligue. Le maréchal de Biron
jugea que ces fenêtres et ouvertures nuisaient à la
sécurité de la place ; il fit venir des ouvriers et ordonna
de les boucher. Je lis, en effet, dans le Compte de
cette année : « A Jean Adam Lejeune, maître-maçon,
la somme de 12 escus sol, par ordonnance du 21 janvier 1591, pour avoir massonné et clos plusieurs grandes
croisées, fenêtres, huis et ouvertures estant dans les
chambres et salles de l'évesché, regardant sur les
fossés de la dite ville ; quis et fourni la pierre, caillou,
chaux et sablon ; mesmes pour avoir monté à ses
despens lesdits mathériaux ; estoupé et bouché plusieurs ouvertures estant au pied de la dite muraille,
par prix verballement fait avec lui, comme il est am-
plement contenu en la dite ordonnance, vertu de
laquelle il a été fait paiement au dit Adam par sa

(1) *Gallia Christiana*, t. XI, col. 93.

quittance passée devant les tabellions d'Évreux, le 24ᵉ jour du mois de janvier 1591 » (1) Il n'est question que de fenêtres percées à l'*évêché*, et non à l'officialité et aux écuries. Or, d'une part, on sait que l'édifice à construire en 1499 en comprenait plusieurs ; ces grandes fenêtres, débouchées depuis 1591, existent encore, quelques-unes présentant dans leur encadrement des moulures qui permettent de les faire remonter à la construction primitive.

D'autre part, le mur ouest de l'officialité, donnant aussi sur les fossés, est complètement aveugle, il ne présente aucune trace d'ouvertures et il est permis, je crois, d'affirmer qu'il n'a jamais été percé (2). Enfin Pierre Smoteau se proposait de faire son édifice « en la muraille et *dessus la muraille* » or l'officialité était bien contre la muraille, mais non pas au-dessus, car le toit commence là où finit l'ancien mur, tandis que l'évêché s'élevant plus haut que le mur, ce qui se remarque à la différence d'épaisseur, est bien en réalité construit « dessus la muraille. »

Un moment nous avons espéré pouvoir produire d'autres documents, et voir la lumière se faire d'une façon plus convaincante. Il nous avait été dit qu'un long procès avait surgi à la fin du XVᵉ siècle entre Raoul du Fou et la ville d'Évreux, à l'occasion de la construction de l'évêché sur les murailles de la ville, et qu'un dossier existait à ce sujet aux archives municipales d'Évreux. Ainsi se fût expliquée l'absence de date sur l'acte que nous publions ; des difficultés en

(1) Archives municipales d'Évreux.

(2) Je ne parle pas de deux fenêtres situées à l'extrémité gauche en regardant de l'extérieur et immédiatement sous le toit, parce qu'elles sont tout à fait modernes.

auraient empêché la réalisation et il serait demeuré à l'état de projet. Malheureusement, notre espoir a été déçu. M. l'archiviste municipal A. Chassant, qui connaît si bien le dépôt confié à sa garde, nous a affirmé, après de nouvelles recherches faites obligeamment, qu'il n'y existait aucune pièce relative à ce procès (1).

Cependant il nous a semblé que nous pouvions, avec les documents qui sont entre nos mains, revendiquer pour Pierre Smoteau l'honneur de la construction de l'évêché d'Évreux.

Quoi qu'il en soit d'ailleurs, et à tout évènement, une partie de cet honneur revient à l'évêque Raoul du Fou pour en avoir adopté le plan et pour en avoir effectué la réalisation.

C'était d'ailleurs un prélat éclairé, homme de goût et ami des arts. Nous n'avons pas à parler de ses fondations pieuses à la cathédrale d'Évreux, mais nous voulons signaler le don qu'il lui fit d'un grand nombre d'œuvres d'art dont la pieuse reconnaissance des chanoines d'Évreux nous a conservé la liste. Nous pensons être agréable aux lecteurs du *Bulletin monumental* et aux amis des arts en reproduisant au pied de cette page la Notice nécrologique que les chanoines d'Évreux écrivirent à la fin de leur obituaire après la mort de leur évêque, et qui contient cette énumération (2). On la lira j'espère, avec intérêt, d'autant plus

(1) Nous avons aussi consulté en vain les archives du Parlement de Rouen.

(2) « Anno vero Domini millesimo quingentesimo decimo secunda die mensis februarii, obiit recolendæ memorie dominus Radulphus du Fou dum viveret Ebroicensis episcopus qui inter cætera bona quæ huic ecclesie fecit et contulit dedit

qu'un seul des objets de ces legs existe encore aujour-
d'hui.

Il avait, entre autres biens, donné :

Quatre candélabres d'argent, deux petits et deux
grands ;

Une croix d'argent semée de fleurs de lys ;

Deux grands bassins repoussés au marteau, et
gravés à ses armes ;

Quatre burettes ou chopines dorées ;

Un grand bassin à laver les mains, en argent doré
et émaillé ;

quattuor candelabra argentea duo magna et duo parva ponderis
decem et octo marcarum trium unciarum : item unam crucem
argenteam deauratam in floribus lilii seminatam punderis
septem marcarum et duarum unciarum ; item duas magnas
pelves martelatas et per extremitates deauratas in quibus dicti
defuncti insculpuntur arma, ponderis XIV marcarum : item
quatuor urceolos sive chopinetas deauratas ponderis quattuor
marcarum ; item unum magnum aquamanile sive malvinum ar-
genteum scammatum (1) et deauratum ponderis sex marcarum
et duarum unciarum cum dimidio ; item unum scrinium argen-
teum et deauratum cum coopertorio ad reponendum hostias
conficiendas cujus coopertorio utimur in festis triplicibus pro
pace, ponderis unius marchæ et quinque unciarum : item duo
calices unum magnum et unum parvum argenteos et deauratos
nec non floribus lilii seminatos ponderis novem marcarum et
unius uncie ; item unum solemne missale duobus voluminibus
contentum ; item unum pontificale ditissimo ostro coopertum ;
item suis sumptibus fecit mitram refici et pastoralem baculum
sive crossam in qua refectione exposuit ducentas libras. Item
dedit septem capas damasci albi una cum casula, tunica et
dalmatica R. du Fou seminatam (*sic*). Item fecit construere et
edificare de novo unam domum episcopalem coopertam de
ardeseia » (*Obituaire manuscrit du chapitre d'Évreux,* conservé
à la bibliothèque de l'évêché.

(1) Ce mot ne se trouve pas dans le *Glossaire* de Du Cange.

Un ciboire d'argent doré avec son couvercle, lequel couvercle servait de paix aux fêtes solennelles ;

Deux calices d'argent dorés et semés de fleurs de lys ;

Sept chappes de damas blanc, une chasuble, une tunique et une dalmatique ;

Il avait encore fait réparer à ses frais la mitre et la crosse.

Au nombre de ces présents figurait aussi un grand et beau missel en deux volumes.

Puis enfin un pontifical couvert d'une riche reliure.

Un des deux volumes du missel, comprenant les fêtes de Pâques à la Saint-André, appartient encore à la bibliothèque municipale d'Évreux, et est exposé dans une des vitrines du Musée d'Antiquités. Deux grandes miniatures à pleine page, d'autres, en très grand nombre, encadrées dans de grandes lettres initiales, en font un des plus beaux manuscrits de cette époque. Les armes de Raoul du Fou y sont très fréquemment reproduites, notamment dans une magnifique miniature qui représente le prélat à genoux devant saint Maur.

Quant au pontifical, c'était ce magnifique manuscrit connu dans le monde des arts et de l'archéologie sous le nom de *Missel de Juvenal des Ursins*, pour qui il avait été exécuté. Acheté par M. Ambr. Firmin-Didot, à la vente du prince Soltykoff, il fut cédé par lui à la ville de Paris, en 1861, moyennant 35,962 fr. Il a péri, pendant la Commune, dans l'incendie de l'Hôtel-de-Ville (1).

(1) *Missel de Jacques Juvenal des Ursins, cédé à la ville de Paris, le 3 mai 1861*, par Ambroise Firmin-Didot. Paris, imp. A. Firmin-Didot, 1861, in-8 .

Ajoutons qu'après la mort de Raoul du Fou, ses héritiers ou le chapitre d'Évreux, obéissant à une délicate pensée, firent recouvrir la sépulture de cet amateur éclairé des arts, d'un splendide tombeau de cuivre jaune détruit à la révolution, mais dont les portefeuilles de Gaignières contiennent heureusement deux jolies reproductions (1).

Le nom de cet évêque a donc droit à plus d'un titre, à un souvenir de tous ceux qui aiment et admirent les arts d'autrefois et notre vieille architecture.

Un mot maintenant sur l'édifice élevé sous l'épiscopat de Raoul du Fou et sur les transformations qu'il a subies jusqu'à nos jours.

Nous rappellerons ensuite les noms de quelques-uns des évêques qui l'ont habité, et nous signalerons quelques-uns des hôtes illustres qu'il a momentanément abrités sous son toit bientôt quatre fois séculaire.

II.

La vue reproduite en tête de cette notice, d'après une photographie due au talent d'un habile amateur d'Évreux, M. Letellier Alaboissette, remplacera avantageusement une description de la façade principale.

Le grand corps de logis est seul ancien. L'aile gauche a été construite sous l'épiscopat de Mgr Olivier (1841-1854), par M. Bourguignon, alors architecte du département ; elle s'élève à la place d'une autre addition faite au commencement du XIX° siècle, alors que l'évêché était affecté à l'usage de préfecture.

(1) *Bibliothèque nationale* ; M. S., fond latin, n° 17,034.

Le vieux logis, long de 38 mètres, haut de 14 mètres dessous corniche, est heureusement coupé par une élégante tour d'escalier ayant encore conservé sa curieuse porte extérieure de bois, et décorée, au-dessus, de jolis fenêtrages aveugles. Au haut de la quatrième fenêtrelle, se voit la tête de biche ou de faon en pierre que nous avons déjà signalée. Est-ce un souvenir des fonctions de grand veneur remplies par le frère de Raoul du Fou? ou faut-il y voir un *à peu près* sur son nom, qui serait tout à fait dans le goût du temps?

Très ornée jusqu'à cette hauteur, la tour ne présente plus dans sa partie supérieure aucune sculpture, aucun ornement. Peut-être était-elle originairement moins élevée? En effet, la jolie voûte qui couronne l'escalier se trouve à la hauteur des petits contreforts; cependant, au-dessus de cette voûte, une petite pièce, à laquelle conduit un escalier pratiqué dans la petite tourelle en encorbellement, montre une cheminée qui date du XVIe siècle.

Le tympan de la porte extérieure, le couronnement de chaque fenêtre, étaient décorés d'écussons supportés les uns par des anges, les autres par des hommes velus, d'autres encore par des lions; malheureusement, ils ont été si complètement martelés en 1793, que l'on est privé des indications qu'eût fournies ce petit armorial de pierre. Toute la partie à droite de la tourelle a évidemment été reprise en sous-œuvre à une date plus ou moins ancienne et alors, auront disparu, à tous les étages, ces arcs en accolade, ces légers pinacles, ces arcatures qui font l'ornement de l'autre partie, qui, elle, n'a subi que de très légères modifications, — agrandissement de quelques fenêtres, percement de quelques ouvertures. —Enfin, il saute aux yeux que la fenêtre située au rez-de-chaussée, immédiatement à droite de la tourelle, et qui dépare l'harmonie de la façade, a été tout récemment percée. Elle remplace, paraît-il, une petite porte qui, sans doute, ne remontait pas non plus à la construction primitive.

La façade opposée donnait sur les fossés de la ville ; elle est édifiée sur les murs même de l'enceinte galloromaine. Lors des derniers travaux d'aménagement intérieur, on perça cette muraille pour établir la cave d'un calorifère. Elle a $2^m 90$ d'épaisseur. Le déblai fit apparaître, parfaitement intacte, la paroi intérieure ainsi préservée pendant des siècles, avec son parement en petit appareil, coupé de 65 en 65 centimètres par un cordon de deux briques, longues de 37 centimètres et hautes de 4, noyées dans leur épaisseur de mortier.

Quand à la paroi externe, elle avait été plusieurs fois remaniée. Il y a une quarantaine d'années, on l'a entièrement couverte d'une couche de plâtre (1). Plus récemment encore, quelques-unes des fenêtres ont été remaniées, agrandies ou percées au rez-de-chaussée. Toutefois, elle conserve encore une bonne partie de son cachet, grâce à ses machicoulis et à la galerie crénelée, qui sont restés tels que Raoul du Fou les avait fait édifier, tenant la promesse prise en 1499 : « Qu'en ce faisant, la fortification de la dite ville et cyté ne sera en riens dyminuée, mais augmentée. »

L'épaisseur du mur n'est plus guère que de $2^m 30$ au niveau du premier étage ; et, à la hauteur de la galerie crénelée, elle se réduit à 85 centimètres, pris au niveau de la paroi intérieure. La façade nord, élevée en 1499,

(1) *Bulletin Monumental*, t. XIV, année 1848, p. 622.

n'a que 90 centimètres d'épaisseur dans toute sa hauteur.

Le pignon ouest, avec ses rampants ornés de crochets, n'offre rien de particulier : il a conservé sa physionomie primitive. Le pignon est a, au contraire, été refait sans doute vers le milieu du XVIIIᵉ siècle ; bien que contrastant absolument avec le reste de l'édifice, il n'est pas, lorsqu'on le considère en lui-même, dépourvu de caractère. Son immense toit pyramidal, au bas duquel se voit un fronton de pierre, ses deux étages de hautes fenêtres, lui donnaient l'aspect du pavillon central de quelques-uns des beaux châteaux du siècle dernier ; aussi l'architecte qui, vers 1854, a construit la seule aile qui existe, a-t-il eu raison d'adopter de ce côté le style du XVIIIᵉ siècle, tandis que, de l'autre, il imitait celui du XVᵉ. Somme toute, vu de l'extrémité des jardins, ce côté a vraiment grand air. A quelle date précise, sous quel évêque a eu lieu cette reconstruction ? Probablement sous Mgr de Rochechouart (1734-1753). Cet évêque s'intéressait, en effet, à son palais épiscopal ; en 1736, un acte intervient entre lui et le chapitre, aux termes duquel ce dernier lui cède, « pour l'embellissement et la commodité du palais épiscopal, une partie du préau du cloître ayant 76 pieds de longueur sur 36 de largeur » ; on y lit que cet emplacement était destiné originairement à la continuation du cloître, mais que ce projet avait été abandonné. Incidemment, on apprend par cet acte où était située l'ancienne chapelle de l'évêque. Ce n'était point dans le palais épiscopal même, mais contre la cathédrale et au-dessus de la salle capitulaire ; car l'évêque prend l'engagement « pour le bien et la conservation de la partie de l'église qui souffre des égouts et de l'ombre d'un ancien bâtiment *appelé la chapelle épiscopale*, lequel est en ruine et absolument inutile pour l'évesché depuis plusieurs siècles, de faire démolir entièrement à ses frais ledit bastiment, qui est au-dessus de la salle qui sert aux assemblées capitulaires, et de faire couvrir ladite salle d'une façon convenable (1). » Il est possible que ce soit au moment où il allait faire travailler à son palais qu'il ait songé à embellir ses jardins. Un document dont nous parlons plus loin, fait d'ailleurs mention d'une augmentation qu'il avait faite à l'évéché.

Remarquons en passant que le palais épiscopal d'Évreux offre une analogie frappante avec celui des évêques de Beauvais, aujourd'hui le palais de justice ; même époque, même ordonnance de la façade principale, même position de la tour d'escalier et de la tourelle en encorbellement qui l'accompagne, même nombre et même disposition des fenêtres ; enfin, coïncidence singulière, l'évêché de Beauvais, lui aussi, s'élève sur les murs gallo-romains de la cité et présente, de ce côté, le même aspect militaire.

(1) Archives de l'Eure, G. 56. Délibération capitulaire du 27 juin 1736.

Des pièces conservées aux Archives nationales (série E, n°ˢ 956, 1002, 1007), nous apprennent que, dès 1722, il était question de la construction d'une chapelle dans la maison épiscopale d'Évreux, en même temps que de réparations au château de Condé. Elles ne contiennent, d'ailleurs, aucun détail précis sur les bâtiments de l'évéché, et se rapportent surtout à la vente des bois et balivaux de Condé, sollicitée par l'évêque pour faire face aux dépenses, aux difficultés qui s'élevèrent à cet égard entre l'évêque et le chapitre et au partage qui intervint entre eux.

Il y a une dizaine d'années, l'intérieur du rez-de-chaussée a été l'objet d'un remaniement complet sous la direction de M. Darcy. Il comprend aujourd'hui, à l'ouest, une grande salle à manger, qui était anciennement la cuisine, et où se voit, contre le pignon ouest, une vaste cheminée ancienne, sans ornements ni sculptures, dont la hotte et les montants montrent ces moulures de forme indécise caractéristiques de la dernière époque du style ogival. On y voit une belle plaque de fonte aux armes de Mgr Potier de Novion (1682-1709). De trois côtés, la salle est tendue de grandes toiles peintes modernes, représentant Condé, l'ancien château des évêques, l'abbaye du Bec et Garambouville, manoir qui appartient maintenant à Mgr l'Évêque d'Évreux. Cette pièce communique avec une grande salle de réception dont l'emplacement était autrefois divisé en plusieurs pièces, éclairées au sud, et desservies, au nord, par un long corridor ; on a fait sauter les refends, les lambris, le plâtre qui couvrait les plafonds ; on a percé ou changé les fenêtres du côté sud ; on a décoré les poutres et les solives d'ornements polychromes dans le style du XVe siècle ; on a tendu les murs de tapisseries de l'époque de Louis XIII. Il n'y a d'ancien,—et encore en partie,—qu'une immense cheminée sur la hotte de laquelle court un cordon où se mêlent des feuillages et des figurines (1) ; et aussi, à gauche de cette cheminée, une délicieuse petite porte avec arc en accolade et touffes de feuillages profondément fouillés. Le caractère neuf de ces arrangements saute actuellement aux yeux ; mais le temps viendra, il éteindra ces tons encore un peu crus ; d'autres cir-

____

(1) Au milieu, on a placé les armoiries de Mgr Grolleau.

constances pourront précipiter son œuvre, et faire naître des doutes sur l'authenticité de cet état de choses. Il est bon de prévenir cette confusion et de noter que l'état actuel n'est point l'état primitif, mais qu'il a, au contraire, remplacé une autre disposition antérieure.

Un ouvrage, dont les jugements méritent généralement confiance et font autorité, a dit au sujet de ces travaux: « En 1876, l'État a dépensé 60,000 fr. à refaire l'intérieur et à dénaturer le rez-de-chaussée (1). » Cette appréciation est un peu sévère, au moins en la forme. S'il y avait nécessité absolue de changer l'état antérieur, si on ne pouvait se conformer à cette règle si sage du Comité des monuments historiques: « En fait de monuments délabrés, il vaut mieux consolider que réparer, mieux réparer que restaurer, mieux restaurer qu'embellir. » Il faut alors reconnaître le mérite de cette reconstitution hypothétique.

Il est cependant permis de regretter que l'on ait cru pouvoir agrandir et modifier les ouvertures qui existaient au rez-de-chaussée dans la façade sud. La situation de cette façade sur les fossés de la ville, les délibérations prises en 1499 au sujet de ces fenêtres, les mesures de précaution qu'elles avaient nécessitées en 1591 donnaient à l'état ancien un réel intérêt historique.

Après la grande salle dont on vient de parler, se trouve un beau salon dont l'arrangement semble remonter aux premières années de ce siècle ou à la fin du précédent. Les restes d'une ancienne cheminée, adossée à celle de la grande salle, existent encore der-

____

(1) *Guide Joanne; Normandie*, éd. de 1878, p. 247.

rière les menuiseries ; puis, on voit une dernière pièce donnant sur les jardins.

La partie neuve, en retour d'équerre, comprend une belle salle dite Salle des Évêques, sur les murs de laquelle sont représentés tous les évêques d'Évreux ; puis, une autre pièce plus petite.

Au premier étage, rien de vraiment intéressant. Au haut de l'escalier : un vestibule ; à droite, une grande chambre et ses dépendances ; à gauche, une très belle bibliothèque établie récemment sur l'emplacement de plusieurs appartements ; derrière les murs, également, les restes d'une ancienne cheminée. Ensuite, une salle de réception dont les panneaux sont décorés d'emblèmes et d'attributs, travail de menuiserie remarquable et remontant au temps de Louis XV ; enfin, un magnifique cabinet de travail. Il ne faut pas omettre de signaler les immenses greniers, où l'on remarque trois grandes cheminées à manteau de pierre, qui ne sont peut-être que de la fin du XVIe siècle, et aussi une belle et savante charpente. Des courbes habilement assemblées sur les arbalétriers y dessinent une voûte ogivale, et, dans une partie du moins, à l'ouest, il semble, à certaines traces de clous, que la voûte ait été entièrement fermée de bardeaux.

Un mot maintenant des jardins et dépendances : le jardin supérieur est soutenu par les anciens murs de la ville, qui ceignaient l'évêché de trois côtés. De place en place, des tours les défendaient ; peu à peu, elles ont disparu. La main des hommes aidait parfois l'œuvre destructive du temps ; car, dès la fin du XVe siècle, on voit la ville tolérer la prise de pierres à la tour de l'évêché ; c'est, du moins, ce que nous apprenons d'un mandat de paiement délivré par les officiers de ville aux ouvriers qui avaient vaqué plusieurs jours à cette besogne (1).

Un plan de 1751, dont un calque existe aux archives de la Société libre d'Agriculture, Sciences, Arts et Belles-Lettres de l'Eure, montre qu'à cette époque, il existait quatre tours dans la partie des murs qui enceignait l'évêché. En 1839, paraît-il, on voyait encore les restes assez remarquables de deux de ces tours (2).

Jusqu'au milieu du siècle dernier, les fossés étaient restés la propriété des ducs de Bouillon, comtes d'Évreux; peu à peu ils les fieffèrent à divers particuliers, généralement aux riverains. En 1751, le jardin de l'évêché était encore borné au sud par les murailles de la ville, qui s'élevaient à une certaine hauteur et obstruaient la vue. Les fossés appartenaient toujours aux comtes d'Évreux et servaient de jardins potagers au château. L'évêque, Mgr de Rochechouart, entreprit alors d'abattre ces murailles à hauteur d'appui pour donner à son jardin du soleil et de la vue. Le duc de Bouillon, considérant que cette entreprise lui portait préjudice, voulut s'y opposer. Un mémoire qu'il fit rédiger à ce sujet s'exprime ainsi : « M. l'Évêque d'Évreux dont l'évêché est bâti d'un côté sur la muraille de la ville y ayant fait une augmentation a jugé à propos, depuis trois mois de faire jeter bas une partie de cette même muraille la quelle fait séparation entre le jardin de l'évêché et celui du château d'Évreux qui est dans les fossés de la dite ville et actuellement ce prélat fait jetter bas partie de cette même muraille pour se pro-

(1) Archives municipales d'Évreux

(2) *Lettres d'un centenaire, Journal de l'Eure*, n° du 31 octobre 1839.

curer de la vue et une terrasse ; à ce moyen, il détruit les espalliers et pallissades du jardin du château qui sont contre les dits murs et fait un préjudice considérable à ce jardin par les décombres et démolitions qui tombent dedans... »

Au pied de ce mémoire une autre main a écrit : « Du mercredi 22 décembre 1751, présenter requête au juge ordinaire pour faire assigner M. l'Évêque » (1).

Peut-être ne fut-il pas donné suite à ces velléités hostiles, mais quelques années plus tard, on prit le plus sage parti, on s'accommoda. Suivant contrat du 19 avril 1765, le duc de Bouillon fieffa à Mgr de Lezay-Marnesia, alors évêque d'Évreux, les fossés situés au sud de l'évêché ; cette partie y est appelée le fossé des Pringalles, par corruption de l'ancien nom, fossé de l'Espringalle. Le terrain s'étendait « du milieu de la tour qui est au coin dudit palais à aller à l'extrémité dudit jardin »; la fieffe était consentie moyennant 1 liard de rente seigneuriale (2). Ces fossés sont aujourd'hui les jardins potagers de l'évêché; cependant le boulevard qui est de l'autre côté ne fut soutenu par un mur de maçonnerie, aplani et planté, que vers 1809, sous l'administration du préfet Roland de Chambeaudouin pour une partie ; l'autre, vers la rue du Cheval-Blanc, ne fut percée que plus tard (3).

(1) Archives nationales (titres de la maison de Bouillon), R², 254.

(2) Archives de l'Eure : E. 253.

(3) *Lettres d'un centenaire* déjà citées, et *Journal d'un bourgeois d'Évreux*. Évreux, 1850, in-12, p. 195.

III.

Le séjour d'évêques célèbres par leur rôle dans les affaires générales, par leur science, ou par leurs vertus, quelques incidents militaires durant les troubles de la Ligue, le passage de quelques souverains, tels sont les souvenirs qu'a laissés l'évêché d'Évreux, depuis sa construction jusqu'à nos jours.

Citons d'abord le successeur immédiat de Raoul du Fou, Ambroise Le Veneur (1511-1531). Sous son épiscopat fut construit le transept nord de la cathédrale et le remarquable pignon qui le termine. C'est l'architecture ogivale dans tout l'épanouissement de sa richesse et la profusion de ses détails de sculpture. Le savant et regretté abbé Lebeurier a écrit à l'occasion de ce portail : « Nulle part on n'a pu dire avec plus de vérité que la pierre semble avoir été flexible comme la cire sous la main des artistes (1). » Mais cette abondance excessive des détails nuit à l'ensemble et à l'harmonie des lignes architecturales ; toute cette broderie de pierre qui, suivant l'expression de Vasari, a l'air d'être en carton (2), a une apparence fragile, contraire à l'idée de force et de solidité que doit présenter un grand monument.

Le vieux manoir était encore dans tout l'éclat de sa jeunesse et de sa beauté, quand il eut l'honneur de

____

(1) *Description de la Cathédrale d'Évreux, — Almanach d'Évreux pour 1868*, p. 125.

(2) Renan, *Discours sur l'état des beaux-arts au XIVe siècle*, Hist. littéraire de la France, t. XXIV, p. 702.

recevoir un des hôtes les plus illustres auxquels il ait
donné l'hospitalité. Le 9 septembre 1516, François Ier
faisait son entrée solennelle à Évreux. La ville le reçut avec une pompe extraordinaire ; costumes payés
par la ville aux principaux bourgeois qui le haran-
guèrent, représentations de mystères, notamment du
baptême de Clovis, présents aux seigneurs et dames de
la cour, machines et jeux divers, rien n'y manqua ;
mais ce que nous devons surtout noter, c'est que
« l'évêque eut l'honneur de coucher avec le roi », ce
qui indique qu'il dut loger à l'évêché (1).

Ambroise Le Veneur est remplacé par son neveu,
Gabriel Le Veneur (1531-1574). C'est de son temps
que dut être élevée la tour inachevée qui est au sud
du grand portail, et que furent terminés les détails
intérieurs du transept. Les armes de Le Veneur se-
mées sur les vitraux de cette partie de l'église, sont
là pour l'attester.

Vient ensuite Claude de Sainctes (1574-1591), contro-
versiste et écrivain célèbre, ardent ligueur, qui a joué
un rôle dans toutes les affaires politiques et religieuses
de son temps. Ce rôle et les affaires multiples où il
est mêlé ne lui font pas oublier ses devoirs de pas-
teur, ni la charité envers son troupeau ; c'est lui, si
bien en cour, qui vend, pour en employer le prix à
subvenir à la misère des pauvres de son diocèse,
l'hôtel que les évêques d'Évreux avaient à Paris, rue
Saint-Antoine, et renonce ainsi aux facilités qu'il avait
de séjourner à Paris (2). En 1583, il fait commencer

____

(1) Charpillon , *Dictionnaire historique et géographique de
l'Eure*, Les Andelys, Delcroix, 2 vol. gr. in-8°, II, p. 83.
(2) Le Brasseur, *Histoire d'Évreux*, p. 353, 355.

la partie ancienne du cloître, c'est-à-dire les deux travées qui touchent à la cathédrale (1).

Les troubles de la Ligue eurent leur contre-coup à Évreux ; au commencement de l'année 1589, la ville, dévouée à la Ligue, s'occupa de mettre en état ses fortifications. Des pièces de procédure des mois de mars, avril et mai de cette année, nous font connaître qu'il y avait alors procès entre la ville et l'évêque, au sujet des réparations à effectuer aux murs sur lesquels étaient construits l'évêché proprement dit, et le bâtiment servant d'officialité et d'écuries. On avait demandé à l'évêque de contribuer aux réparations. Il avait offert, à cet effet, la somme de 60 écus. La ville avait trouvé l'offre insuffisante et avait intenté une action judiciaire. Sur ce, l'évêque avait rétracté son offre amiable. Le 17 mai 1589, des experts dressèrent un état des réparations nécessaires. Elles sont évaluées à 712 livres tournois. Il y est, entre autres choses, parlé d'une cheminée « commencée à bastir dans un pavillion nouvellement basti, ayant entamé la muraille de 6 pieds d'épaisseur, 3 1/2 de large et 3 1/2 de haut. Joignant le pavillion il avait esté démolly un bastiment près du puy et allant jusqu'au jardin auquel lieu la muraille estoit bien endommagée (2). » Qu'advint-il de ce débat ? Le dossier ne le dit pas. Mais, à la même époque, les comptes de la ville contiennent plusieurs mentions intéressantes relatives aux travaux à faire aux murs entourant l'évêché ; dans un des articles, on voit que l'évêque s'engageait à y contribuer pour une somme de 47 livres.

(1) Charpillon, *Dictionnaire historique*, II, 118. Les autres travées ont été construites vers 1854.

(2) Archives municipales d'Évreux ; FF. Procédures.

Probablement, il s'agissait d'un autre point que de celui en litige dans la procédure dont on vient de parler, car la somme promise par l'évêque, d'après le compte du receveur, est bien inférieure aux soixante écus qu'il avait d'abord offerts avant tout débat. Voici la mention telle qu'elle est portée au compte des *Deniers communs de la ville d'Évreux pour une année du 1er novembre 1588 au 1er novembre 1589,* chapitre des mises pour œuvres et réparations : « à Estienne de L'Hospital, bourgeois dudit Évreux, la somme de cxi livres... pour l'adjudication à luy faicte, comme au moins disant et plus rabbaissant, de plusieurs réparations par luy entreprises à faire en la muraille de l'enclos de la dite ville à l'endroit des bastiments de la court ecclésiastique et des escuries du manoir épiscopal dudit lieu, en tant et pour telle longueur et espasse que contiennent lesdits bastiments, à la charge par ledit adjudicataire de bien et deument faire lesdites réparations, fournir à ses despens tous les matériaux qui étaient nécessaires hormis la chaulx, le tout suivant devis du 28e d'apvril 1589..... dont ledit sieur évesque dudit lieu avait promis fournir la somme de 47 livres, et le surplus, montant 64 livres à payer par ladite ville..... »

« A Jean Adam maître masson..... pour plusieurs réparations à faire à la tour assise à l'endroit du manoir épiscopal au bas de laquelle abboutit le bastardeau du fossé de l'Espringalle..... (1) »

La mise en état de ses murs, les divers préparatifs de défense n'empêchèrent pas la ville de se rendre aux royalistes, trois jours après qu'ils furent venus

(1) Archives municipales d'Évreux; Comptes.

devant la place, le 20 janvier 1590 (1). Le siège
n'avait été ni long, ni meurtrier. L'évêché en avait-il
souffert? Non, sans doute ; il avait été assez heureux
pour qu'il ne lui arrivât rien, et on ne voit pas, par
les comptes de la ville, qu'il ait fallu rien dépenser
pour y réparer les dégâts de la guerre, comme on
dut faire à la porte Chartraine pour boucher plusieurs
trous faits « lors du siége dernier de ladite ville, tant
par les ligueurs ennemis estant devant qui ont cassé
presque toute la tuille de la dite couverture à coups
d'arquebuzes, que autre ruine advenue depuis..... suivant quittance du 8 juin 1590 (2). » La ville eut encore
à subir un second siège au mois de septembre suivant,
et alors les murs longeant l'évêché eurent quelque peu
à souffrir. On lit encore dans le *Compte des deniers
communs de 1589-1590 :* « A Pierre des Haies, par
ordonnance du 7 septembre 1590, pour avoir fourni
plusieurs vaisseaux et iceux fait mettre à l'ouverture
et pour estouper plusieurs brèches estant au parapel
des murailles des fossés de l'espringalle et iceulx faire
employer promptement le troisième jour de ce présent
mois, la ville estant pour la seconde fois assiégée par
les ennemis... suivant quittance du 10 octobre 1590. »

Une fois maîtres de la ville d'Évreux, où l'esprit de
la population était favorable à la Ligue, les troupes
du roi, M. de Biron, M. de Larchant, gouverneur de
la ville, traitèrent les habitants avec quelque rigueur.
M. de Biron, notamment, était mal disposé, mal disposé surtout contre l'évêque Claude de Sainctes, ardent

(1) Abbé Delanoe, *Histoire* manuscrite, p. 252.
(2) Archives municipales d'Évreux ; *Compte des deniers communs de 1589-1590.*

ligueur. Maître d'Évreux, il commence par le faire
chercher dans la ville, mais il l'avait quittée. Il occupe
alors personnellement l'évêché, où il fait établir, pour
sa sûreté, un corps de garde jusque dans le corridor
ou galerie, sis au midi, sur les remparts de la ville (1).
Ce n'est pas tout : les fenêtres donnant au midi, sur
les fossés, lui paraissant constituer un danger en cas
d'attaque, il les fait boucher, ainsi que nous l'avons
déjà dit (2). Dès lors, l'évêché devient le quartier
général d'Évreux. Les capitaines qui étaient à la tête
des troupes de la garnison y donnent des fêtes. Dans
les jardins, on organise, pour distraire la batailleuse
noblesse du XVI° siècle, des courses de bague.

Les comptes de la ville, pour l'année 1590-1591,
mentionnent le paiement à Jehan Buisson de la somme
de « six escus sol à lui ordonnée par Mgr de Mont-
pensier, par ordonnance du 26 août 1591, pour avoir
fait une pallisade pour coure la bague dans le jardin
de l'évesché (3). »

Avec la Ligue finit le rôle militaire du vieux manoir
des évêques d'Évreux ; on verra bien encore, en 1685,
les bourgeois s'occuper de leurs fortifications, les faire
inspecter et comprendre, par conséquent, l'évêché
dans cette inspection, qui ne nous révèle aucune particu-
larité intéressante (4) ; Évreux sera bien encore occupé

(1) Abbé Delanoe, *Histoire* manuscrite, p. 252.

(2) Voir p. 16, 17.

(3) Archives municipales ; *Compte extraordinaire de P. Dou-
cerain pour 1590-1591.*

(4) Bonnin, *Notes, fragments et documents pour servir à l'histoire d'Évreux* (Recueil des travaux de la Société libre d'agriculture, sciences..... de l'Eure, 2° série, t. VII. Évreux, 1847,
in-8°, p. 281-282).

militairement par le duc d'Harcourt, lors des troubles
de la Fronde. Mais, à vrai dire, l'évêché ne verra
plus désormais de faits de guerre ; il n'abritera plus
que ses prélats, les souverains qui y viendront loger
en passant à Évreux, et ne sera plus que le témoin
d'actes de charité et de dévouement.

A Claude de Sainctes succède un évêque qui devint
plus tard le célèbre cardinal du Perron (1593-1606).
Il eut l'honneur de recevoir, dans son palais épiscopal,
Henri IV et la reine Marie de Médicis, qui arrivèrent
à Évreux le 23 septembre 1603 et couchèrent à l'évêché
pendant les deux nuits qu'ils passèrent à Évreux (1).
Sully accompagnait le roi et la reine. L'évêque
d'Évreux profita du séjour du grand ministre pour
obtenir de lui la promesse d'un don de 3,000 livres
pour aider à la réparation du pilier sud-ouest de la
tour centrale de la cathédrale, qui menaçait ruine (2).
Sully, paraît-il, oublia sa promesse ; mais l'évêque ne
l'oublia pas. Ses autres occupations ne lui faisaient
pas négliger les intérêts de ses diocésains, et, le
12 juillet 1606, il écrivait de Rome à Sully pour lui
rappeler le don qu'il avait obtenu, et aussi pour solli
citer, en faveur des habitants d'Évreux, l'autorisation
de s'imposer extraordinairement pour subvenir à certaines dépenses d'intérêt commun.

Lorsqu'en 1606, Jacques Davy du Perron fut fait
archevêque de Sens, il fut remplacé à Évreux par
Mgr de Péricard (1606-1613). Ce prélat établit une
imprimerie dans l'évêché pour rendre plus facile l'im-
pression du bréviaire et du rituel qu'on lui doit.

(1) Abbé Delanoe, *Histoire* manuscrite, p. 287.
(2) Id., p. 288.

Son nom se rattache aussi à l'histoire monumentale d'Évreux, par la pose de la première pierre de la tour nord du grand portail de la cathédrale ; sans doute il contribua à faire obtenir par la ville le don qui lui fut fait de 5 sols par muid de sel vendu au grenier d'Évreux, pour subvenir aux dépenses de cette construction (1).

En 1623, Évreux vit tenir dans ses murs les États provinciaux de Normandie. Ils furent présidés par Mgr de Longueville, lieutenant-général du roi en Normandie, qui prit son logement à l'évêché (2).

Au temps de la Fronde, nous trouvons sur le siège épiscopal Jacques Le Noël du Perron (1646-1649), neveu du fameux cardinal. La ville d'Évreux était acquise à la Fronde ; son évêque était dévoué au parti de la cour ; aussi, peu avant que François de Harcourt se dirigeât vers la ville, voulut-il se retirer ; mais les habitants le ramenèrent de force dans son palais, où il mourut pendant le siège (3).

Citons encore, parmi les évêques d'Évreux au XVII° siècle, Mgr Cauchon de Maupas du Tour. De son temps fut fondé le Grand-Séminaire, dont la chapelle, en grande partie défigurée, subsiste encore et sert de salle d'assises. C'est lui qui, âgé de plus de 80 ans, donna au roi sa démission et fut remplacé par l'abbé de Grignan (4).

(1) Abbé Lebeurier, *Histoire d'Évreux*, *Almanach de 1867*, p. 129.

(2) Bonnin, *Notes, fragments et documents pour servir à 'Histoire d'Évreux;* Évreux, 1847, in-8°, p. 11, 12.

(3) Le Brasseur, *Histoire d'Évreux*, p. 390.

(4) Abbé Lebeurier, *Almanach de 1867*, p. 131.

Il en est souvent question dans les lettres de Mme de Sévigné à sa fille. Une des conditions de la nomination de l'abbé était une pension à faire au vieil évêque démissionnaire. Quelles doléances et quels souhaits cette condition n'inspire-t-elle pas à la célèbre marquise! Mais peu après, un dramatique accident de voiture amène la mort du vieux prélat; c'est alors une joie débordante de ce que « l'étoile de **Mgr** d'Évreux l'a défait de son vieux prédécesseur », c'est un sujet inépuisable de congratulations, de traits d'esprit plus ou moins heureux, de plaisanteries cyniques en voyant « Dieu qui tourne les volontés de ce bonhomme d'une manière extraordinaire pour le conduire à être massacré et déchiré et tiré enfin à quatre chevaux » (1). Nulle part n'apparaît peut-être davantage la sécheresse et la dureté de cœur de la célèbre marquise pour tout ce qui n'est pas sa fille. Comme on aime mieux lire les lettres où elle raconte si joliment les événements de la cour, ce qui la concerne, ou simplement l'entendre célébrer la belle maison de campagne des évêques d'Évreux: « Je viens d'apprendre que cette belle maison de l'évêché d'Évreux n'est qu'à dix lieues de Saint-Germain; elle s'appelle Condé, nom peu barbare, mais je suis bien affligée de ce que le vieil évêque en fit couper, il y a deux ans, les plus belles allées d'un parc qui faisait l'admiration de tout le pays. » . . . . . « Je croyais Condé à dix lieues de Saint-Germain, il en est à quinze, mais on n'a rien défiguré dans le parc, il est le plus beau du monde; une rivière qui passe au milieu fait des étangs et des beautés admirables, on

(1) Édition Regnier, t. VII, p. 32, 44, 54-55, 67-70.

y courre le cerf ; c'était autrefois la demeure du cardinal du Perron » (1).

Dans les premières années du XVIIIe siècle, l'évêque d'Évreux était Mgr Jean Le Normant (1710-1733). Les annales de la ville ont conservé le souvenir de son inépuisable charité ; elle eut particulièrement à se signaler en 1725. La récolte de cette année avait été très mauvaise, le blé devint très cher, la misère fut très grande. Mgr Le Normant, qui était alors retenu hors de son diocèse par la maladie, fit distribuer, dans sa ville épiscopale, pour plus de 3,000 écus de pain. Il fit des aumônes considérables dans les campagnes et sauva la vie à beaucoup de personnes. Jusqu'à sa mort, on faisait, à midi, l'aumône à sa porte, quelquefois à plus de 150 pauvres (2).

Mgr de Rochechouart, son successeur immédiat, marque son passage à Évreux par la fondation d'un petit séminaire, pour l'éducation des jeunes clercs ; mais les bâtiments qui subsistent encore et qui servent de préfecture, ne furent édifiés que sous Mgr de Lezay-Marnésia, de 1763 à 1768. Il est remplacé par Mgr Arthur Richard Dillon ; grand seigneur de naissance, il l'était aussi de ton et d'allures. On lui prête cette réponse connue à un reproche de Louis XV, sur ses goûts cynégétiques : « Vous chassez beaucoup, Monsieur l'évêque, lui dit le roi, j'en sais quelque chose ; comment voulez-vous interdire la chasse à vos curés si vous passez votre vie à leur en donner l'exemple ! » — « Sire, reprend le prélat, pour nos curés la chasse est leur défaut ; pour moi, c'est le défaut de mes

---

(1) Édition Regnier, t. VI, p. 274, 296.
(2) Abbé Delanoe, *Histoire* manuscrite, p. 468.

ancêtres (1). » Mais si, de nouveau, comme au temps de Mme de Sévigné, on courait le cerf dans les splendides bois de Condé ; si les fanfares et les aboiements des chiens retentissaient dans le vieux manoir féodal de Raoul du Fou , le brillant prélat n'oubliait pas pour cela ses devoirs, et contribuait par ses dons à la construction du nouveau collège édifié en 1756 (2).

La liste des évêques d'Évreux, sous l'ancien régime, se clôt par le nom de Mgr François de Narbonne, nommé évêque d'Évreux en 1773, et qui quitta volontairement son siège pour ne pas se soumettre à la constitution civile du clergé.

Lorsqu'il prit possession du palais épiscopal , par suite de la démission de Mgr de Lezay-Marnésia, ce palais était, paraît-il, en fort mauvais état à l'intérieur; en 1775-1776, un procès était pendant au bailliage d'Évreux entre l'ancien et le nouvel évêque. Une sentence de ce tribunal ordonna qu'il serait dressé un procès-verbal estimatif des réparations et réfections nécessaires ; le dossier qui mentionne ces faits ne contient pas ce procès-verbal et n'indique pas davantage comment se termina cette difficulté (3).

Mgr de Narbonne était, dans toute la force du terme, le prélat charitable et le père de son troupeau des temps apostoliques. Pendant le rigoureux hiver de 1789, notamment, sa charité fut inépuisable. « Lui-même allait à la halle les jours de marché et payait la différence du prix des bleds. Il établit, dans les salles du

---

(1) Taine, *Les origines de la France contemporaine. — L'ancien régime*, p. 71.

(2) Abbé Lebeurier, *Histoire d'Évreux, Almanach de 1867*, p. 133.

(3) Archives de l'Eure, G., 1793.

rez-de-chaussée de son palais, des chauffoirs où tous
les pauvres pouvaient venir se chauffer et même travailler, lorsque leur travail était portatif ; il leur dis-
tribuait du bois, du pain, des vêtements. Il payait
aux enfants des pensions dans les couvents, dotait des
filles de condition pauvre, soit pour les marier, soit
pour leur faciliter les moyens d'entrer en religion ; il
plaçait les jeunes gens à l'école militaire et leur pro-
curait une existencê honorable et convenable à leur
naissance. On peut dire avec vérité que ses revenus
étaient ceux des pauvres (1). » C'est alors que, sans
figure, on pouvait se croire revenu à ces premiers
temps de l'église des Gaules, où la maison de l'évêque
était celle des malheureux, qui y allaient et venaient
comme chez eux, alors que le Concile de Mâcon, en
585, disait : « Nous défendons ae nourrir des chiens
dans la maison de l'évêque. C'est, selon sa destination
particulière, une maison d'hospitalité ; il ne faut pas
que les malheureux qui viennent y chercher le soula-
gement de leur misère y trouvent des souffrances par
les morsures des chiens (2). »

Entre autres bienfaits de Mgr de Narbonne, il faut
citer l'entretien d'une école qu'il avait fait ouvrir dans
la grande salle du couvent des Dominicains, et il n'est
pas sans intérêt de noter la manière dont il subvenait
à la dépense. Il y avait destiné une somme de 25,000
livres. Il l'avait placée, pour la faire fructifier, chez un
fabricant de coutils, à Évreux, M. Passot, et il en
affectait l'intérêt aux dépenses de l'école (3). Ce mode, à

(1) Abbé Delanoe, *Histoire* manuscrite, p. 483.

(2) Thomassin, *Ancienne et nouvelle discipline de l'Église*, édition du docteur André, t. VII, p. 430.

(3) Abbé Delanoe, *Histoire* manuscrite, p. 482.

une époque où les placements mobiliers étaient peu communs et où l'industrie n'avait pas encore pris son essor, nous a paru digne d'être noté, surtout de la part d'un membre du haut clergé.

La Révolution arrive, et en mai 1793, la municipalité s'empare de l'évêché et s'y installe (1). Elle y reste jusqu'au mois de mars 1800. Alors, dit le *Journal d'un bourgeois d'Évreux*, « vint le citoyen Masson Saint-Amand, nommé préfet; il prit pour son logement l'évêché où se tenait la municipalité, tandis qu'elle-même choisit un local dans les Ursulines, pour s'y loger (2). » Cet état de choses dura jusqu'en 1823. Pendant que le vieux logis des évêques était à l'état de préfecture, il reçut le premier Consul : « Le 29 octobre 1802, sur les 5 heures du soir, dit encore le *Bourgeois d'Évreux*, arrive à Évreux le premier consul Bonaparte..., ce fut auprès de l'école centrale que le maire d'Évreux lui présenta les clés de la ville, mais il ne voulut pas arrêter son carrosse et lui dit qu'il les lui donnerait quand il serait arrivé à la préfecture (l'évêché). Ce fut Mgr Bourlier, évêque d'Évreux, qui le reçut à la préfecture, parce que le préfet n'était pas encore revenu... Il repartit le lendemain à huit heures et demie du matin pour Louviers, au son des cloches et au bruit du canon (3). »

Onze ans plus tard, l'impératrice Marie-Louise vint y prendre gîte. Voici comment le même *Bourgeois* raconte certaines particularités qui accompagnèrent

(1) *Journal d'un bourgeois d'Évreux*, p. 59.
(2) *Ibid.*, p. 153.
(3) *Ibid* , p. 174.

cette visite, et qui semblent, aujourd'hui, assez éloignées de nos mœurs :

« *Jeudi 19 août 1813.* — Il vint des ordres à la préfecture, annonçant que l'impératrice Marie-Louise devait passer à Évreux pour aller à Cherbourg. En conséquence on envoya des lettres à beaucoup de personnes pour entrer dans la garde d'élite, que l'on voulait augmenter, leur laissant le choix d'y entrer ou d'être désignés pour partir sur les côtes, ce qui semble très arbitraire... M. le Préfet céda sa maison où devait coucher, Sa Majesté. On prit chez toutes les personnes riches, les plus beaux meubles pour décorer les appartements, et jusqu'au lustre de dedans le chœur de la cathédrale (1). »

Pendant ce temps les évêques étaient logés dans l'ancien petit-séminaire ; on trouva enfin qu'il était plus convenable de rendre l'ancien évêché à sa destination primitive ; et, en 1824, Mgr de Salmon du Chatellier prit possession de son palais épiscopal (2).

C'est sous son successeur, Mgr Olivier (1841-1854), que fut construite la petite aile de gauche ; on a eu l'heureuse idée de faire sculpter ses armoiries sur l'une des fenêtres. — Mais peu auparavant, on avait plâtré la façade sud, et fait ainsi disparaître l'aspect ancien de ces vieilles pierres, trouées par les balles des ligueurs (3).

Mgr de Bonnechose, depuis archevêque de Rouen et cardinal, l'une des célébrités de l'épiscopat fran-

---

(1) *Journal d'un bourgeois d'Évreux,* p. 230.
(2) Abbé Delanoe, *Histoire* manuscrite, p. 540.
(3) *Bulletin Monumental,* année 1848, p. 622.

çais au XIXe siècle, passa trois années (1855-1858) à l'évêché d'Évreux.

Enfin, depuis 1870, le palais de Raoul du Fou est occupé par Mgr Grolleau, qui y continue si dignement les traditions de zèle et de charité de ses prédécesseurs. C'est, on l'a vu, sous son épiscopat qu'ont été entrepris les travaux et les changements faits au rez-de-chaussée de ce curieux monument, dont les premières assises remontent à l'époque gallo-romaine, tandis qu'au-dessus s'élève un charmant modèle de l'architecture civile de la fin du XVe siècle.

Caen, Imp. H. Delesques.

9 782019 215453